LA FRANCE

ET

E CŒUR DE JÉSUS

PAR

LE P. MARIN DE BOYLESVE, S. J.

RELIGION ✻ ✻ PATRIE ✻

PARIS
NÉ HATON, LIBRAIRE
35, Rue Bonaparte.

POITIERS
BONAMY, ÉDIT. PONTIF.
Rue des Carmélites.

1884

LA FRANCE

ET

LE COEUR DE JÉSUS

LA FRANCE

ET

LE CŒUR DE JÉSUS

PAR

LE P. MARIN DE BOYLESVE, S. J.

RELIGION ✢ ✢ PATRIE

✢

PARIS	POITIERS
RENÉ HATON, LIBRAIRE	BONAMY, ÉDIT. PONTIF.
35, Rue Bonaparte.	Rue des Carmélites.

1884

LA FRANCE

AU CŒUR DE JÉSUS

L A France a le droit de se faire représenter par ceux qui ont le plus influé sur sa destinée. Tels furent Clovis, Charlemagne, saint Louis. Or, ces trois monarques semblent avoir eu pour mission de préparer la France aux faveurs spéciales du Cœur de Jésus.

Clovis fut le premier roi des Francs devenus chrétiens, le premier roi de la Gaule devenue la France. On sait que, entendant le récit de la Passion, le héros de Tolbiac, saisi d'une sainte colère, ne put retenir ce cri : Où étions-nous, mes Francs et moi ? Nos francisques l'auraient sauvé.

La Passion se résume dans le Cœur de Jésus, et Jésus présente son Cœur comme un mémorial de ses douleurs et de ses opprobres, quand il le montre à la Bienheureuse Marguerite-Marie, entouré de la couronne d'épines, surmonté de la croix, entr'ouvert par la lance. Il est donc permis de voir dans la généreuse indignation de Clovis un premier titre de la France auprès du Sacré Cœur de Jésus.

On comprend dès lors pourquoi au premier plan de cette image, nous plaçons le premier Roi très-chrétien, debout, la main sur sa bonne francisque, le regard quelque peu farouche : car le chrétien n'a pas encore effacé le barbare.

On dirait qu'il s'apprête à défendre Jésus-Christ contre quiconque tenterait de le crucifier de nouveau dans son corps mystique qui est l'Église. A ses pieds se lit la belle et fière parole que nous venons de rappeler, et qui résume toutes les gloires de la France : *Où étions-nous, mes Francs et moi? Nos francisques l'auraient sauvé.*

Charlemagne ouvre ses fameux capitulaires par cette déclaration solennelle : « Jésus-« Christ, Notre-Seigneur, étant le Roi éter-« nel, moi, Charles, par la grâce et la miséri-« corde de Dieu, roi et recteur du royaume « des Francs, défenseur dévoué et humble « auxiliaire de la sainte Église. »

Figurée par l'eau et le sang qui rappellent le Baptême et l'Eucharistie, l'Église est née du Cœur sacré de Jésus. Défendre et seconder l'Église, c'est donc s'assurer un titre tout spécial auprès de ce Cœur adorable. Ceci explique la présence de Charlemagne parmi les insignes précurseurs de la dévotion efficace de la France au Cœur du Roi des rois.

Debout, ferme, calme, majestueux, il porte la couronne impériale. Sa main gauche soutient un globe surmonté d'une croix : c'est la figure de l'Église catholique. De la main droite, il tient levée sa vaillante épée. Sur le rocher qui le porte on lit ces mots : *Moi, Charles, défenseur et auxiliaire de l'Église.*

Saint Louis aimait à se dire le bon sergent de Jésus-Christ. Deux fois il a pris la croix : la croix sort du Cœur de Jésus. Il fit bâtir la Sainte-Chapelle pour y déposer la couronne d'épines : quand Jésus fit voir son Cœur à sa fidèle servante, il le montra entouré de cette cruelle couronne. Le saint Roi devait donc figurer parmi les représentants anticipés du dévouement de la France au Cœur de Jésus.

Ici, d'une main il tient l'étendard des croisades, tandis que l'autre repose sur son épée. A ses pieds on lit sa profession de foi, que les rois feront bien d'étudier : *Je suis le bon sergent de Jésus-Christ.*

Aucun de ces trois personnages ne regarde le Cœur sacré : le Sauveur ne l'a pas encore proposé au monde.

Chacun d'eux représente un instant solennel de notre histoire; chacun d'eux porte dans ses traits l'expression de son époque.

Clovis rappelle le chrétien nouveau converti, qui comprend peu la patience de la croix.

Charlemagne représente la majesté de la force, et la force du droit; or, le droit, c'est Jésus-Christ, Roi des peuples et des rois.

Louis exprime la sainteté, mais une sainteté qui ne l'empêcha pas d'être, aux yeux des Musulmans, le plus fier chrétien qu'ils eussent rencontré. Son attitude et son regard déclarent précisément l'union si difficile de ces deux contraires : l'humilité du saint et la fierté du guerrier.

Résumons. — S'agit-il de défendre la personne de Jésus-Christ, la France se lève avec Clovis, l'exterminateur de l'arianisme.

S'agit-il de défendre l'Église de Jésus-Christ, la France est là, debout, l'épée haute, avec Charlemagne, le libérateur du Pape.

S'agit-il de défendre le tombeau de Jésus-Christ, de porter sa croix, de recevoir sa couronne d'épines, la France, docile à la voix des Papes, se croise encore avec saint Louis, plus grand, même sous la croix et dans les fers, qu'il ne le fut sur son cheval de bataille ou sur son trône.

Formée par de pareils hommes, la France peut espérer des destinées plus hautes encore. Un temps viendra où le Sauveur révélera son Cœur au monde. C'est à la France qu'il réserve l'honneur de cette grande manifestation ; c'est à la France qu'il confiera la mission de propager la dévotion des héros de la dernière heure ; c'est à la France, représentée cette fois par une humble sœur de la Visitation, que Jésus découvre son Cœur surmonté de la Croix, environné d'épines, entr'ouvert par la lance.

A droite, la Bienheureuse Marguerite-Marie est à genoux, les yeux doucement arrêtés sur le Sauveur. On dirait qu'elle lui rappelle les magnifiques promesses qu'il l'avait chargée d'annoncer à ceux qui se dévoueraient au culte du Cœur adorable.

La Compagnie de Jésus a été désignée par le Sauveur lui-même pour propager la dévotion au Cœur sacré. Elle est représentée ici par le V. P. Claude de la Colombière, qui, le premier entre tous ses frères, fut appelé à l'honneur de seconder la mission de la Bienheureuse Marguerite.

A gauche, le Père Claude, en surplis, debout,

le regard élevé vers Notre-Seigneur, paraît, lui aussi, réclamer avec une humilité mêlée de confiance, les bénédictions promises par le divin Cœur.

Outre les hommes, il est des monuments qui rappellent les titres de la France aux bontés du Cœur de Jésus et les bienfaits du Cœur de Jésus envers la France.

D'abord, entre Clovis, le premier roi très-chrétien qui fut le seul roi catholique de son temps, et Charlemagne, le défenseur armé de la sainte Église, qui fut couronné empereur à Rome par le Pape saint Léon III, on entrevoit Saint-Pierre de Rome, symbole de l'Église et du Pape, dont la vraie France fut toujours le soldat.

Entre Charlemagne et saint Louis, on reconnaît la Sainte-Chapelle, environnée des flammes de l'incendie qui, en 1870, la respecta comme par miracle. Nous avons dit comment ce pieux édifice se rattache au Sacré-Cœur.

Au-dessus de la Sainte-Chapelle, se dresse Montmartre. On y voit une église en construction. Montmartre, ou le mont des Martyrs, fut consacré par le sang des premiers chrétiens de la Gaule, et spécialement par celui de saint Denis. Or, on sait que, à l'heure de la mort de Jésus, au moment où le soleil refusait sa

lumière à la terre déicide, à l'instant peut-être
où la lance ouvrait le Cœur de Jésus, Denis,
alors païen, s'écria : « Ou le monde va se dis-
soudre, ou le Dieu de la nature souffre.» C'est
à Montmartre que naquit la Compagnie de
Jésus, destinée à propager le culte du Sacré
Cœur; c'est à Montmartre que s'élève l'église
du Sacré-Cœur, vœu national de la France
pénitente.

A la gauche de la bienheureuse Marguerite-
Marie, un peu en arrière, on aperçoit le monas-
tère de Paray-le-Monial sanctifié par les apparitions si fréquentes de Notre-Seigneur à sa
fidèle servante.

Dans le lointain, de ce même côté, on entrevoit le mont Saint-Michel, baigné par les flots
de l'Océan.

Ainsi, les eaux et les terres, la mer et les
montagnes se réunissent dans ce tableau pour
exprimer le règne universel du Cœur du Roi
suprême.

Le glorieux archange qui foudroya Lucifer,
et qui, le premier, adora d'avance le Verbe fait
chair, l'Ange qui, au dernier jour, portera
l'étendard de la croix, devait paraître dans le
poème du divin Cœur.

D'ailleurs, ce n'est pas sans dessein que la
France, fille aînée de l'Église et du Sacré-

Cœur, a été confiée spécialement à la protection de l'Ange qui est le gardien de l'Église universelle. L'étendard de la Croix et celui du Cœur de Jésus ne sont qu'un seul et même drapeau, défendu par la France sous la haute direction de Michel.

Ici donc l'Archange poursuit l'ennemi du Verbe incarné. Le chef des révolutions se débat en vain sous le pied du vainqueur. Celui-ci, avec le calme et la sérénité de la force, le tient sous le coup de sa formidable lance et le pousse dans les flots.

A l'opposé, les terres s'élèvent, et sur le flanc de la montagne on distingue et la grotte de Massabielle et l'église de Notre-Dame de Lourdes, vers laquelle se dirigent les pèlerins de la France. Ces supplications multipliées amènent, de la part de Marie, une intervention plus pressante que jamais auprès du Cœur de son divin Fils. Ici montons plus haut.

Au centre du tableau, assis sur un nuage à la fois brillant et sombre, apparaît le Sauveur et le Juge : le Juge, car de la main gauche il tient les balances et sur ses genoux un livre est ouvert ; le Sauveur, car la colère de la justice fait déjà place au sourire de la clémence.

Marie s'est jetée aux genoux de son Fils. Il est vrai que sur une page du livre on lit un mot funeste et sanglant qui résume tous les attentats : *Révolution ;* mais sur l'autre feuillet la place manque pour inscrire tous les titres de la France à la miséricorde : *Clovis, Charlemagne, saint Louis, Croisades, Vœu de Louis XIII, Vœu de Louis XVI, Missions. Sainte-Enfance, Denier de Saint-Pierre, Zouaves Pontificaux, Pèlerinages, Vœu national.* Marie soutient cette page et appuie sur ces souvenirs favorables. Avouons aussi que la balance nous est contraire. L'un des plateaux descend au plus bas, tandis que le plateau de nos mérites ne porte qu'un poids trop léger ; mais Marie arrête doucement le bras du Juge irrité.

Déjà la personne du Sauveur domine celle du Juge, et Jésus lève la main comme pour montrer son Cœur qui brille au ciel, et en même temps pour bénir la France personnifiée dans Jeanne d'Arc. L'héroïne de Patay est à demi renversée, la main droite appuyée sur le pommeau d'une épée qui gît sur le sol ; mais de l'autre main, la vierge de Vaucouleurs tient encore haute sa blanche bannière sur laquelle sont inscrits en lettres d'or les noms de *Jésus* et de *Marie.*

Au-dessous du nuage qui porte le Sauveur, une banderole de feu déclare l'idée générale du tableau : *La France au Cœur de Jésus.*

Mais c'est au sein de la lumière de gloire qu'il faut chercher le divin Cœur. Levez les yeux. Au-dessous du triangle symbolique de l'auguste Trinité, apparaît le Cœur de Jésus, tout empourpré de son sang, surmonté de la croix, entouré de la couronne d'épines devenue la couronne de gloire, et laissant échapper les flammes de son immense charité, tel, en un mot, qu'il fut montré par le Sauveur lui-même à la Bienheureuse Marguerite. Des rayons d'or illuminent le tableau jusqu'au nuage sur lequel Jésus est descendu.

Divisés en trois groupes représentant les trois hiérarchies, les neuf chœurs des anges sont répandus autour de la glorieuse couronne.

Depuis surtout qu'il a été proclamé patron de l'Église catholique, saint Joseph a sa place marquée partout où il s'agit des intérêts de Celui qui le nomma son père. Il occupe ici la droite. Il tient un lis à la main et il intercède pour la fille aînée de l'Église auprès du Sacré-Cœur. Dans son regard, la confiance se joint à la prière.

A la gauche du divin Cœur, le chef de l'Église, saint Pierre, présente d'une main les clefs du ciel, symbole de sa souveraineté spirituelle sur toutes les nations ; de l'autre, il presse sur son Cœur le Livre saint dont il est l'interprête infaillible. Lui aussi, il prie le Cœur de son Maître pour la nation qui toujours, quand elle fut grande et forte, se fit un devoir de défendre le Saint-Siége et la foi.

Ce poème a été fort bien rendu par la peinture et la sculpture combinées dans un beau rétable que nous avons fait exécuter par M. Raffl dans l'église de N.-D. de Sainte-Croix, au Mans, et que nous avons fait reproduire par la gravure qui sert de frontispice à cet opuscule.

L'idéal qu'on a voulu y exprimer n'est autre que le règne du Dieu trois fois saint sur la France par le Cœur de Jésus, Roi suprême de la nation très-chrétienne.

VIVE LE CHRIST QUI AIME LES FRANCS !

LA FRANCE ET LE CŒUR DE JÉSUS

Un jour, c'était en 1843, dans une bourgade obscure du midi de la France, une pauvre fille, nommée Marie Lataste, venait de communier. Pendant son action de grâces, Jésus lui dit : « Le premier roi, le premier souverain de la France, c'est moi. Je suis le maître de tous les peuples, je suis particulièrement le maître de la France. »

Laissant à d'autres les préoccupations de la critique, je m'empare de cette parole : elle exprime et résume l'histoire de la France, sa gloire, son idée.

Dieu, dans l'ancienne loi, avait donné à son peuple un signe de son alliance, ce signe c'était l'arche sainte. Cette arche appartenait à tout le peuple d'Israël. Mais elle était spécialement confiée à la garde de la tribu de Lévi, qui seule avait le droit de la porter. Toutefois, parmi les autres tribus, il en était une qui devait défendre l'arche sainte jusqu'aux derniers temps ; cette tribu était celle de Juda.

Dans la loi nouvelle Dieu a donné à son peuple, à l'Église, un signe de son alliance, ce signe c'est lui-même. Par sa présence dans l'Eucharistie, il est l'arche d'alliance du nouveau peuple de Dieu. *Et erit Dominus nominatus in signum.*

En ces derniers temps un nouveau signe nous est proposé. Ce nouveau signe de l'alliance entre Dieu et l'homme, est un cœur, le Cœur de Jésus, Jésus lui-même, Jésus tout entier, résumé dans son Cœur, présent et vivant dans l'Eucharistie. *Et erit Dominus nominatus in signum.*

Ce Cœur appartient à l'Église entière, je le sais ; ce Cœur, c'est à la tribu sacerdotale qu'il est spécialement confié dans la divine Eucharistie, je le sais encore. Mais entre les nations catholiques, il en est une qui a été comme prédestinée pour recevoir l'étendard des derniers combats, pour lever et pour défendre l'étendard du Cœur de Jésus. Cette nation, quelle est-elle ?

Un jour, dans ses excursions au nord de la Thrace, Alexandre le Grand, rencontra un peuple qui, seul à son approche, ne tremblait pas. — Eh ! que craignez-vous donc, demanda le conquérant ? — Que le ciel ne tombe, répliqua l'un de ces barbares. Ces barbares étaient des Gaulois.

Notre grand poète, sans y penser, traduit ainsi ce fier langage :

Je crains Dieu... et n'ai pas d'autre crainte.

C'est le Gaulois parlant français par la bouche de Joad : craignez Dieu, Français, — votre histoire est là pour l'attester, — craignez Dieu, rien au monde ne vous fera trembler.

Depuis trois siècles le sang chrétien coulait. Il était difficile de prévoir le terme de la lutte. La rage des persécuteurs redoublait avec les années; mais avec les années aussi le nombre des chrétiens montait et montait toujours.

Cependant trois Césars se sont unis pour effacer jusqu'au nom de Jésus. Déjà les colonnes officielles annoncent que c'est fait : *Christiano nomine deleto;* ainsi parle le bronze.

Quel est donc ce signe, quel est cet étendard qui brille au Ciel? — C'est la croix de Celui dont les Césars ont déclaré le nom même aboli.

Avance, Constantin, avance; par ce signe tu vaincras, *In hoc signo vinces.* Constantin, je le sais, n'était ni Gaulois, ni Français. Mais alors il partait de la Gaule; ses soldats étaient pour la plupart Gaulois, et presque tous, probablement, étaient chrétiens.

Le tyran de Rome, Maxence, succomba ; le César des Gaules, Constantin, triompha, et le Christ régna.

L'idée du noble pays qui bientôt s'appellera la France vient de se déclarer. Depuis les Gaulois de Constantin, ce fut toujours de la France que sortirent les défenseurs de l'Église contre les Maxences de tous les temps et de tous les pays.

Un siècle et demi s'est écoulé. Depuis près de cinq cents ans, les apôtres, les martyrs, les docteurs étonnent le monde par leurs combats, leurs triomphes et leurs conquêtes. Cependant, que de nations demeurent encore assises à l'ombre de la mort !

Je laisse ces contrées, à peine soupçonnées alors des peuples civilisés : les forêts de l'Amérique, les îles de l'Océanie, les sables de l'Afrique, les sommets et les plaines de l'Asie centrale et de l'extrême Orient : Satan y exerce en paix son empire infernal.

La civilisation semble concentrée dans l'empire romain ; mais cet empire est devenu celui de la Bête. Ivre du sang chrétien, la Babylone nouvelle, la Rome des Césars, a chancelé sur les sept collines. Pour devenir la Rome des Papes, pour être la nouvelle Jérusalem et la capitale du monde catholique, la ville éternelle demande à être purifiée. Et voici que du Nord et de l'Orient le flot de la barbarie est accouru; et cet empire romain, qui un jour avait cru l'empire chrétien effacé, se trouve lui-même rayé à tout jamais de la carte des nations.

Mais un autre flot, celui de l'hérésie, s'est élevé des bas-fonds de la philosophie gréco-orientale. Vint un moment où, dans le monde entier, il n'y eut pas un seul souverain catholique. L'Église, n'a pas besoin de rois; elle a su s'en passer pendant plus de trois siècles. Cependant il est écrit que Jésus est le Roi des rois. Or, à l'époque dont je parle, l'hérésie occupait le trône de Byzance, et les rois barbares qui s'étaient partagé l'Occident étaient tous ou ariens ou païens. — Tout va bien, car tout est perdu; Dieu va se montrer.

Quand Dieu veut se montrer, il choisit un homme, et, autour de cet homme, il range un peuple.

Quel sera l'homme au cinquième siècle, quel sera le peuple choisi pour prendre en main la cause de Dieu?

Voyez-vous ce guerrier qui jamais ne sut reculer sur un champ de bataille; il s'étonne, en frémissant, de l'impuissance de ses Francs contre le choc des Allemands.

En vain, il invoque ses dieux: les Francs

reculent toujours; enfin, le fier barbare s'est rappelé le Dieu de Clotilde. Clovis s'est rendu, Clovis a reconnu le roi Jésus, Clovis a prié; soudain, la victoire change de côté, les Francs écrasent les Allemands.

A quelques jours de là, le rude Sicambre courbait la tête devant l'évêque saint Remi, et les Francs s'écriaient : Nous aussi, nous serons chrétiens! Et alors, il y eut un roi, il y eut un peuple catholique : ce roi unique fut Clovis, ce peuple unique fut le peuple des Francs. Faut-il s'étonner que l'Église ait toujours eu pour la France des tendresses spéciales? Cette préférence, pour être maternelle, n'est pas tout à fait aveugle : entre les nations nouvelles qui, depuis la chute de l'empire romain, furent engendrées à la foi catholique, celle des Francs fut la fille aînée.

Ici écoutons un vieux récit :

« La nuit qui précéda le baptême de Clovis, saint Remi vint le trouver dans son palais, et l'ayant conduit, avec la reine et un grand nombre de princes et d'officiers, dans une chapelle dédiée à saint Pierre, il leur prêcha l'unité de Dieu, la vanité des idoles, l'incarnation du Fils de Dieu, la rédemption du genre humain, le jugement dernier, le paradis des justes et l'enfer des impies.

« Pendant qu'il parlait, la chapelle se remplit d'une lumière mystérieuse et d'une odeur des plus suaves, et l'on entendit une voix céleste qui disait : « *La paix soit avec vous ! Ne* « *craignez rien, demeurez dans mon amour.* »

« Le visage du saint parut aussi tout rayonnant de lumière. A cette vue, le roi, la reine, tous les seigneurs et les dames se jetèrent à ses pieds. Il les releva et leur prédit les grandeurs futures des rois de France, s'ils restaient fidèles à Dieu et s'ils ne faisaient rien d'indigne de l'auguste qualité de rois chrétiens.

« Ce fut alors, sans doute, que saint Remi fit à Clovis cette prophétie remarquable, que les meilleurs auteurs nous donnent comme authentique :

« Apprenez, mon fils, que le royaume de France est prédestiné de Dieu à la défense de l'Église romaine, qui est la seule véritable Église du Christ. Ce royaume sera un jour grand entre tous les royaumes de la terre, et il embrassera les limites de l'empire romain. Il durera jusqu'à la fin des temps. Il sera victorieux et prospère, tant qu'il restera fidèle à la foi romaine et qu'il ne commettra pas un de ces crimes qui ruinent les nations ; mais aussi il sera rudement châtié toutes les fois qu'il sera infidèle à sa vocation. » (*Baronius*, ann. 494 et 512.)

« Le jour de son baptême, Clovis se rendit à l'église de Notre-Dame (aujourd'hui cathédrale de Reims) à travers les rues ornées de tapisseries. Lorsqu'il fut sur les fonts baptismaux, saint Remi lui dit : « Fier Sicambre, « baisse humblement la tête : brûle ce que tu as « adoré, et adore ce que tu as brûlé ! »

« Lorsqu'il fallut bénir l'eau baptismale, il ne se trouva point de saint-chrême, parce que le clerc, chargé de l'apporter, ne put percer les rangs pressés de la foule. Dans cette nécessité saint Remi leva les yeux vers le ciel, et aussitôt une colombe, plus blanche que la neige, descendit vers lui, apportant dans son bec une fiole pleine d'un baume céleste. Le saint accepta cette fiole mystérieuse avec joie et action de grâces, en jeta quelques gouttes dans l'eau baptismale, et s'en servit ensuite pour oindre le front du roi. La colombe s'envola et disparut ; mais la fiole demeura. C'est ce qu'on a appelé la *sainte Ampoule*. Elle a servi pour le sacre de nos rois jusqu'à Louis XVI. On l'a brisée pendant la Révolution ; cependant, avec les débris que des mains pieuses s'étaient empressées de conserver, on a pu, en 1823, recueillir une goutte du saint baume pour le sacre du roi Charles X. »

Or voulez-vous savoir ce qu'est un Franc

devenu chrétien ? L'évêque saint Remi lisait devant Clovis la passion du Sauveur ; « Où étions-nous, mes Francs et moi, s'écrie tout à coup le guerrier, nos francisques l'auraient sauvé ! »

L'idée française est tout entière dans ce cri. Le vœu de Clovis s'accomplira. La passion n'est pas achevée. Plus d'une fois encore dans la personne de son Vicaire et de son Église, qui est son corps mystique, Jésus sera livré à la fureur des valets et de la populace par les Judas et par les Caïphes de tous les siècles. Mais tu y seras, noble Clovis, tu y seras avec ta francisque, tu y seras avec tes Francs pour le défendre dans la personne du Pape et de l'Église.

Dès qu'il connut la conversion de Clovis, le pape Anastase lui écrivit :

« Glorieux fils, soyez la consolation de l'Église votre mère ; soyez pour la soutenir une colonne de fer ; nous louons le Seigneur de ce qu'il vous a tiré de la puissance des ténèbres pour donner à l'Église dans la personne d'un si grand prince un protecteur capable de la défendre contre ses ennemis. » (Labbe, t. IV, p. 1268.)

Clovis répondit à cette invitation. Les Visigoths ariens persécutaient les Gaulois catholiques du midi. Clovis résolut d'exterminer l'hérésie. Il invoqua saint Martin de Tours et saint

Hilaire de Poitiers. La victoire de Vouillé assura la liberté catholique et la domination franque dans la Gaule méridionale.

Le génie gaulois n'est pas fait pour la sophistique, qu'elle vienne des Grecs ou des Allemands. Les subtilités hérétiques d'Arius ne prirent pas plus en Gaule que plus tard les négations de Luther. Impatients de la domination des envahisseurs ariens, les Gaulois non-seulement acceptèrent, mais ils appelèrent comme des libérateurs les Francs devenus catholiques.

De leur côté vainqueurs des dominateurs de la Gaule plutôt que des Gaulois eux-mêmes, les Francs subirent volontiers l'influence chrétienne des gallo-romains. Bientôt unis dans une même foi, fondus ensemble sous l'action des évêques, les deux peuples n'en firent qu'un : les Gaulois et les Francs devinrent les Français, et la Gaule fut la France.

Arrière donc ces hommes haineux et jaloux qui, pour justifier l'attentat de 89, ont dit que, « depuis plus de treize siècles la France contient deux peuples, un peuple vainqueur et un peuple vaincu ; » que « depuis plus de treize siècles, le peuple vaincu luttait pour secouer le joug du peuple vainqueur ; » que « notre histoire est l'histoire de cette lutte, » et qu'enfin « de nos jours une bataille décisive a été livrée, » et que « cette bataille décisive s'appelle la Révolution ». (Guizot.)

Arrière cet esprit diabolique qui voudrait désunir ceux que la foi catholique a si intimement unis. En France, depuis treize siècles, il n'existe plus ni Francs ni Gaulois. Depuis longtemps les sangs sont si bien mêlés que parmi nous personne ne peut dire : Moi, je suis le fils des Francs; moi, je descends des Gaulois; mais il n'en est pas un parmi nous qui n'ait le droit de dire avec une fierté modeste : Je suis Français. — Ce nom résume le Gaulois et le Franc fondus dans une seule et même idée : *Gesta Dei per Francos.*

C'est ici le lieu de citer quelques extraits qui diront comment, dès son origine, la France se préparait à recevoir l'étendard du Cœur de Jésus.

Rappelons d'abord le préambule de la vieille loi salique.

« L'illustre nation des Francs *que Dieu a établie...* s'est convertie à la foi catholique, et elle reste pure de toute hérésie. Lorsqu'elle passait encore pour barbare, *Dieu le lui inspirant,* elle rechercha la clef de la science ; désirant la justice par son inclination propre, et gardant la douceur, elle établit les règles de son droit dans cette loi salique...

« Lorsque, par la faveur divine, Clovis, l'illustre roi des Francs, eut le premier reçu le baptême, *il corrigea cette loi.. selon la religion.* »

VIVE LE CHRIST

« Qui aime les Francs : qu'il conserve leur puissance, qu'il remplisse leurs chefs des lumières de sa grâce. »

Prière trouvée dans un missel qui remonte à une époque antérieure à Charlemagne.

O Dieu tout-puissant et éternel, qui avez établi le peuple des Francs pour être par le monde l'instrument de votre divine volonté, le glaive et le boulevard de votre sainte Église, nous vous en prions, prévenez, en tout temps et en tout lieu, de la céleste lumière, les fils suppliants des Francs, afin qu'ils voient ce qu'ils faut faire pour établir votre règne en ce monde, et que, pour accomplir ce qu'il auront vu, ils soient jusqu'à la fin fortifiés dans la charité et dans le courage.

Ainsi soit-il.

Prière pour la France, trouvée dans un ancien recueil.

« Seigneur, donnez à la France vos lumières et l'intelligence de vos lois. Donnez-lui l'esprit de votre justice.

« Que tous ceux qui partagent son gouvernement, concourent à maintenir la paix et le bonheur dans l'État. Qu'ils soient les protecteurs des malheureux, l'appui des familles, les ennemis du désordre et de la guerre civile ; qu'ils soient au peuple français, ce que la rosée est aux campagnes arides, une pluie douce aux champs altérés. Que leur pouvoir soit un pouvoir de justice et de paix. Que la puissance dont ils sont investis soit respectée dans l'État et chez les peuples voisins. Que les étrangers viennent admirer le gouvernement de la France, et que tous les peuples de la terre apprennent à son exemple ce que la pratique de votre Loi sainte, ô mon Dieu, donne de force et de grandeur à une nation.

« Faites, Seigneur, que ralliés en votre amour, nous venions tous déposer à vos pieds nos divisions et nos dissentiments, afin que, sous l'inspiration de la sainte Église, centre et foyer de la vérité et de la charité, nous soyons à jamais le peuple le plus chrétien et le plus digne de vos paternels regards.

« Exaucez, Seigneur, les vœux de vos enfants; aimez la France et qu'elle vous aime. »

Écoutons aussi la voix de l'un des plus grands Papes qui aient gouverné l'Église.

SAINT GRÉGOIRE-LE-GRAND A CHILDEBERT II ET A BRUNEHAUT

« Autant la dignité royale dépasse toutes les dignités humaines, autant la couronne des Francs l'emporte sur toutes les autres.

« Être roi, c'est peu de chose car il est beaucoup de rois; mais *être roi catholique,* ce que tant de rois n'ont pas mérité d'être, voilà un privilége spécial. Or la splendeur de votre foi brille au milieu des nations infidèles comme la lumière d'un flambeau au sein d'une nuit obscure. »

Le même saint Grégoire le Grand félicite les rois Thierry II et Théodebert II de leurs *efforts pour amener leurs sujets à la vraie foi.* (Lib. V, epist. 58.)

Dans une autre lettre, il leur promet que la *foi leur sera d'un secours universel. Et fidem*

quam colitis, adjutricem in omnibus habeatis.
(Lib. VII, epist. 117.)

Cependant, un adversaire nouveau vient de se lever contre Jésus-Christ et contre son Église. Du sein de l'Arabie, un fils d'Ismaël, un fils de l'esclave, s'est élancé contre le fils d'Isaac, contre le fils de l'épouse libre. Prophète d'un nouveau genre, c'est par le cimeterre que Mahomet fait des croyants. Déjà l'Asie jusqu'au Gange, l'Afrique jusqu'au détroit, obéissent au Coran. Constantinople n'est plus que le Bas-Empire. Un crime et une trahison ont livré l'Espagne à l'ennemi juré du nom chrétien. Il faudra huit siècles de combats pour rendre à la catholique Péninsule la liberté de la foi. Ne vous étonnez donc pas si la vaillante épée des successeurs de Pélage ne brille pas avec les nôtres dans la lutte qui va bientôt s'engager au pied du tombeau de Jésus-Christ. L'Espagne, c'est la croisade en permanence. Aussi deviendra-t-elle la terre classique de l'héroïsme, et si la France est, par excellence, la nation *très-chrétienne*, l'Espagne sera, par excellence, la nation *catholique*.

En attendant, les fiers enfants de Mahomet franchissent les Pyrénées. Encore un pas, et le monde appartient au Prophète ! — Mais ils ont compté sans les Francs.

Les Francs alors étaient gouvernés par un maire du palais qui se nommait Charles.

Menacés d'abord par le roi des Lombards, puis par l'empereur iconoclaste de Constantinople, les Papes avaient eu recours au chef des Francs. Une ambassade solennelle envoyée par Grégoire III lui présenta les clefs du tombeau de saint Pierre. Charles posant sa forte main sur ces clefs répondit : « Je jure que, sans ma permission, ni l'empereur de Constantinople, ni le roi des Lombards n'ouvriront le tombeau du Prince des Apôtres. »

Dans cette circonstance le Pape donnait à Charles le titre de Prince très-chrétien. Plus tard, en 1460, Pie II déclara ce titre héréditaire dans la personne des rois de France.

Charles s'est déclaré défenseur du Pape, Dieu va le couvrir de gloire. Déjà les Arabes sous la conduite d'Abdérame, inondaient l'Aquitaine et la Provence. Un brave Mérovingien, Eudes, régnait alors en Aquitaine. Mais, accablé par le nombre, il lui fallut recourir à Charles. Les envahisseurs avaient brûlé à Poitiers l'église de Saint-Hilaire, ils menaçaient d'un pareil sort celle de Saint-Martin de Tours. Mais Charles arrivait.

La rencontre eut lieu entre Tours et Poitiers. Trois fois, caracolant avec leurs chevaux rapides, les Arabes se précipitèrent sur la phalange de Charles. Trois fois la lance des Francs s'abaissa et fit reculer les guerriers d'Abdérame. Enfin, profitant du désordre causé par ces charges inutiles, Charles fait un signe, les Francs s'ébranlent et s'élancent. Ce fut un carnage. Trois cent soixante-quinze mille enfants de Mahomet restèrent sur le sol. Les Francs ne perdirent que quinze cents hommes. Par ce grand coup, Charles mérita le nom de Martel. Les disciples du faux prophète n'avaient encore rencontré personne qui pût les arrêter. Sans le marteau de Francs, ils achevaient la conquête du monde. C'en était fait de l'Église et de la civilisation.

Vienne un homme qui se déclare le défenseur du Vicaire de Jésus-Christ; Dieu lui réserve la gloire d'écraser la révolution anti-sociale et anti-religieuse, qui menace aujourd'hui de replonger le monde dans la barbarie et dans le chaos.

Charles Martel retenu en France par l'invasion arabe, ne put passer les Alpes. L'an 741 vit mourir Léon l'Iconoclaste, Charles Martel et saint Grégoire III, c'est-à-dire le Pape, son ennemi et son défenseur. Restait le roi des Lombards; mais Pépin succédait à Charles Martel.

Le nouveau roi des Lombards, Astolphe, aspirait à la monarchie universelle en Italie. Dans ce but il s'était emparé de plusieurs villes appartenant au Saint-Siége, et de l'exarchat de Ravenne. Déjà il marchait sur Rome. Le Pape Étienne demande du secours à l'empereur Constantin Copronyme, et n'en obtient pas. Le pontife alors s'adresse au Ciel, il ordonne une procession générale.

Puis il envoie une ambassade secrète à Pépin, lui rappelant que « la nation des Francs était, depuis Clovis, le boulevard de la chrétienté contre la barbarie du Nord et du Midi ».

Citons aussi le début de la lettre qu'Étienne adressait à Pépin et à ses deux fils au nom de saint Pierre et en son propre nom :

« Moi Pierre, ordonné de Dieu pour éclairer le monde, je vous ai choisis pour mes fils adoptifs, afin de défendre contre leurs ennemis la cité de Rome, le peuple que Dieu m'a confié et le lieu où je repose selon la chair. Je vous appelle donc à délivrer l'Église de Dieu qui me fut recommandée d'en haut ; et je vous presse, parce qu'elle souffre de grandes afflictions et des oppressions extrêmes. »

Le roi franc envoya des députés avec mission d'amener le Pape en France. Étienne se rendit d'abord auprès d'Astolphe avec les députés de Pépin. Astolphe resta inflexible : alors les ambassadeurs francs le sommèrent au nom de leur souverain d'accorder au Pontife un sauf-conduit pour se rendre en France. L'entrevue entre le Pape et le roi eut lieu à Ponthyon. Pépin passa les Alpes et vainquit Astolphe. Le vaincu promit tout ce qu'on voulut. Étienne rentra dans Rome. Mais bientôt, méprisant ses promesses, Astolphe revient assiéger le pontife. A cette nouvelle Pépin repasse les Alpes, reprend les villes que le Lombard avait enlevées au Saint-Siége et les rend au Pape ; puis, par une donation en règle, il y ajoute celles qu'il avait conquises sur Astolphe, se moquant de Constantin Copronyme qui redemandait ce qu'il n'avait pas voulu défendre. — Pépin a soutenu l'Église et le Pape ; Dieu le récompensera. Le fils de Pépin sera Charlemagne.

Saint Léon III était monté sur le siége apostolique. Poussés par la jalousie, deux prêtres abominables, Pascal et Campule, se saisissent de sa personne, lui arrachent les yeux et la langue, et le jettent dans un cachot. Le duc de Spolète le délivre. Dieu lui rend miraculeusement les yeux et la langue. Léon va trouver Charles à Paderborn, et revient à Rome où le roi ne tarde pas à le suivre.

Léon III avait conçu un grand dessein. Abandonnés depuis des siècles par les successeurs grecs du grand Constantin, qui d'ailleurs furent presque tous hérétiques et persécuteurs, les peuples chrétiens aspiraient à vivre sous la protection du seul prince qui alors se fit gloire de régner au nom de Jésus-Christ. Ce prince était Charlemagne. Ses édits commençaient par ce préambule : Jésus-Christ Notre-Seigneur, étant le Roi éternel, moi, Charles, par la grâce et la miséricorde de Dieu, roi et recteur du royaume des Francs ; défenseur dévoué et humble auxiliaire de la sainte Église de Dieu. *Regnante Domino nostro Jesu Christo in perpetuum : Ego Karolus, gratia Dei ejusque misericordia donante, rex et rector regni Francorum et devotus sanctæ Dei Ecclesiæ defensor humilisque adjutor.* (Baluze, *Capit.*, tit. I, pag. 210.)

C'était la nuit de Noël de l'an 800. Revêtu des insignes de patrice, Charles se rendit à l'église de Saint-Pierre pour y assister à l'office divin. L'édifice était illuminé. A l'arrivée du prince, le peuple, oubliant la sainteté du temps et du lieu, fit éclater sa joie par des acclamations. Charles imposa silence et se prosterna devant l'autel. Le Pape se tenait prêt à commencer les saints mystères. Le front incliné devant le tombeau des apôtres, le roi priait. Un silence solennel régnait dans l'assemblée. Tout à coup le Pape se tourne vers le prince et vient poser sur sa tête une couronne d'or, étincelante de pierreries. A cet instant, de toutes les poitrines s'échappe une immense clameur: « Vie et victoire à Charles, auguste, grand et pacifique empereur des Romains, couronné par la volonté de Dieu. »

Surpris, Charles essaya de résister; mais il fallut céder « au vœu public dont il se trouva l'élu avec non moins de droit que tant d'autres qui avaient été proclamés Césars à Rome et à Constantinople par une tourbe vénale ou par une soldatesque turbulente. Il fut donc sacré solennellement comme chef suprême temporel de la chrétienté, et fit serment de protéger l'Église de Rome de tout son pouvoir. » (Cantù).

Le Pape fit couler l'huile sainte sur le front du nouvel empereur, puis, s'inclinant devant lui, il lui rendit le premier ses hommages. Léon III venait de relever l'Empire d'Occident renversé depuis trois siècles. L'Église et l'Empire s'associaient pour assurer le bonheur des peuples.

Par le couronnement de Charlemagne comme empereur, « la civilisation antique demeurait séparée de la civilisation à venir : celle-là re-présentée par les empereurs dégénérés de Byzance, celle-ci gardée par le Pontife, qui se mettait à sa tête en conférant au roi franc le pouvoir temporel suprême. Si toute autorité vient de Dieu (*non est potestas nisi a Deo*), nul autre que le Chef visible de l'Église ne devait se considérer comme investi immédiatement de la puissance d'en haut : il se trouvait donc vir-tuellement le chef de l'humanité entière réunie dans l'Église universelle. Cette puissance don-née par le Ciel au Pontife fut considérée comme étant d'une double nature, temporelle et spiri-tuelle (*data est mihi omnis potestas in* CŒLO *et in* TERRA; *euntes ergo, docete* OMNES GENTES). Or, de même qu'il confère une portion de cette dernière aux évêques, qui l'exercent sous sa dépendance, ainsi il confie l'autorité temporelle à l'empereur consacré par lui pour l'exercer sous la dépendance et la direction du Pape, tout en devenant chef visible de l'Église dans les intérêts temporels. Les deux pouvoirs sont donc inséparables, l'un devant servir d'appui à l'au-tre, et ils ne sauraient se détruire, vu l'essence divine de leur juridiction.

« Celui des deux pouvoirs qui prédomine est naturellement le pouvoir pontifical, prononçant comme arbitre sur les différends des princes, soit entre eux, soit avec leurs peuples. Pensée admirable, qui pouvait apporter aux massacres de la guerre le remède que l'on demande aujourd'hui aux protocoles de la diplomatie.

« L'empereur étant non-seulement le chef de l'Empire, mais de l'Italie et de toute la chrétienté, la raison voulait que l'on s'adressât au Pontife, pour qu'il donnât son consentement et son approbation à l'élection. L'élu jurait entre les mains du clergé d'observer les règles de la justice et les lois positives, c'était là comme la condition du couronnement.

« Quand les empereurs la violaient, et lors surtout qu'ils portaient atteinte à la foi, dont ils devaient être les défenseurs, ils perdaient tout titre à l'obéissance.

« C'est cela qu'il est nécessaire d'avoir bien présent à la pensée, si l'on veut comprendre l'histoire du moyen-âge et trouver le motif d'actes qui, vus d'une autre manière, ont paru arbitraires et entachés d'usurpation. » (Cantù.)

Avant l'ère chrétienne, quatre grands empires s'étaient successivement élevés sur la face du globe, et, dans leurs limites, ils avaient enserré toute la civilisation de leur époque respective ; vous avez nommé les Assyriens et Nabuchodonosor, les Perses et Cyrus, les Grecs et Alexandre, les Romains et César.

Il nous est venu un conquérant nouveau, un conquérant sauveur, un conquérant libérateur. Jésus est le Christ : ce qui veut dire le roi. Désormais, il n'y aura plus qu'un seul empire universel, celui de Jésus-Christ ! Désormais, l'histoire l'atteste, et ce ne sera pas le siècle présent qui contredira désormais, il n'est plus de force, de grandeur, en dehors des peuples, en dehors des rois qui se déclarent les humbles auxiliaires et les défenseurs dévoués de Jésus-Christ, Roi des rois, et de l'Église, qui est le royaume du Dieu fait homme. Assurément, ni le talent, ni la puissance ne manquèrent aux Henri de Franconie et aux Frédéric de Hohenstaufen ; mais, incapables de comprendre l'idée de Charlemagne, ces Césars allemands oublièrent que leur mission était de défendre l'Église ; ils prétendirent la dominer. Et leur race a passé comme l'écume qu'emporte la tempête.

Il n'en sera pas ainsi des successeurs français du grand monarque. L'histoire montre les Papes, poursuivis tour à tour par les petits princes italiens et par les Césars allemands, cherchant et trouvant toujours auprès des rois français asile et protection.

Je sais qu'un jour le plus grand des Papes du moyen-âge, saint Grégoire VII, se vit près de tomber entre les serres impériales du persécuteur germanique, et qu'alors l'honneur de délivrer le Pontife échut à un Normand qui régnait en Italie ;— mais ce Normand était Français. Le sang qui coulait dans les veines de Robert Guiscard était du sang français. Ce sang généreux n'avait pas encore eu le temps de s'altérer.

Venons enfin à l'œuvre qui remplit le moyen-âge, et qui sera l'éternelle gloire de cette longue et grande époque. Il s'agit des croisades.

Œuvre de vaillance, œuvre de foi, les croisades furent éminemment l'idée française.

L'inspiration catholique des croisades devait naitre dans le cœur des Papes ; mais le pape Sylvestre II, qui le premier en concevra l'idée, sera un Français. Saint Grégoire VII, qui, sans les persécutions allemandes, eût commencé l'œuvre, saint Grégoire. Italien de naissance, nous appartient par son éducation monastique. L'ami, le confident de saint Grégoire VII, Urbain II était Français, ainsi que les trois prédicateurs des croisades, Pierre l'Ermite, saint Bernard, Foulques, curé de Neuilly. Ce fut sur la terre de France qu'Urbain II proposa la grande idée, et ce fut à des Français qu'il s'adressa. Il savait que l'entreprise ne réclamait pas seulement des hommes, mais des héros ; pas seulement des chrétiens, mais des martyrs ; or il savait aussi que qui cherche des hommes et des héros, des chrétiens et des martyrs, peut toujours faire appel aux Français. Aussi la voix si française d'Urbain fit écho dans les cœurs français, et ce fut du sein de la France, ce fut de la poitrine et des lèvres de nos aïeux, que s'échappa pour la première fois ce cri si vaillant, si chrétien, si français : Dieu le veut, Dieu le veut !

Godefroy de Bouillon, Robert de Normandie, Raymond de Toulouse étaient Français. Les Normands Bohémond et Tancrède n'avaient pas encore le sang très-italien. Du reste, l'Italie d'alors nous disputait peu le périlleux honneur des croisades. On sait comment Venise entendit le dévouement ; on se rappelle le désintéressement de la République marchande ; on sait quelle route fut imposée à la quatrième croisade par le *généreux* Dandolo.

Nos pères sont moins sages, j'en conviens ; moins avisés, je le reconnais ; car ils se risquent et ils s'oublient. Avouons même qu'ils ont, eux aussi, des fautes à réparer ; mais, pour les expier, ils combattent en héros, ils souffrent en chrétiens, ils meurent en martyrs.

Nommons encore Louis le Jeune, Philippe Auguste, et ce brave Richard Cœur de Lion, qui n'eut de l'Anglais que la couronne. N'oublions pas le vaillant Jean de Brienne. Enfin, quand il est question des croisades, il est un nom qui aussitôt revient à la mémoire; il est une figure calme et résolue qui tout d'abord se présente à l'imagination.

Quand je me rappelle la guerre sainte, j'aperçois saint Louis; je le vois, devant Damiette, s'élancer le premier dans les flots; je le vois, dans les fers, plus libre que sur son coursier de bataille et plus grand que sur le trône; je le vois expirant sur la rive musulmane, en face de Tunis, et je vénère dans sa personne le héros deux fois martyr de la croix. Or, si Louis est un héros, si Louis est un chrétien, Louis surtout est le type du chevalier français. La Germanie réclame sa part en Charlemagne, parce qu'avec ses Francs, originaires des bords du Rhin, et avec ses Gaulois, Charles acheva de soumettre les races allemandes à l'empire et à l'Église; mais nul n'oserait nous disputer notre saint Louis, quoique, par ses frères et par ses descendants, il ait donné des rois à presque tous les trônes de l'Europe. Or, ce roi si Français, quelle fut son idée et que fut-il? Écoutez-le lui-même : Je suis, disait saint Louis, je suis le bon sergent de Jésus-Christ.

Ce roi si français était donc digne d'entendre et capable de comprendre la parole du pape Grégoire IX, déclarant lui aussi, après tant d'autres pontifes, la mission de la France.

LETTRE APOSTOLIQUE DE GRÉGOIRE IX A LOUIS IX

« Jésus-Christ a établi sur la terre divers
« peuples et divers gouvernements pour l'ac-
« complissement des célestes conseils. Mais
« comme autrefois, entre les tribus d'Israël,
« la tribu de Juda reçut des priviléges tout
« particuliers, ainsi le royaume de France a
« été distingué entre tous les peuples de la
« terre par une prérogative d'honneur et de
« grâce.

« De même que cette tribu, *qui figurait ce*
« *royaume*, mettait en fuite, terrifiait, détrui-
« sait de toutes parts les bataillons ennemis et
« les foulait aux pieds, de même la nation
« franque, sous l'étendard de vos prédéces-
« seurs d'illustre mémoire, combattit les com-
« bats du Seigneur pour accroître la foi catho-
« lique, défendre la liberté ecclésiastique en
« Orient et en Occident, et dompter les en-
« nemis de l'Église. Le zèle de vos prédéces-
« seurs l'a délivrée de nombreux dangers, tan-
« tôt en arrachant la Terre-Sainte aux mains
« des païens, tantôt en soumettant l'empire de

« Constantinople à l'autorité de l'Église ro-
« maine. La perversité de l'hérésie avait pres-
« que anéanti la foi catholique chez les Albi-
« geois ; la France n'a cessé de les combattre
« qu'après avoir entièrement confondu l'héré-
« sie et rendu à la foi son sceptre antique.

« De même que la tribu de Juda n'imita
« jamais les autres dans leur apostasie, mais
« vainquit au contraire, en maints combats, les
« infidèles, ainsi le royaume de France ne put
« jamais être ébranlé dans son dévouement à
« Dieu et à l'Église ; jamais il n'a permis que
« la religion chrétienne perdît son énergie
« propre ; bien plus, pour la conservation de
« ces biens, rois et peuples (de la nation fran-
« que) n'ont pas hésité à s'exposer à toutes
« sortes de dangers et à verser leur sang...

« Il est donc manifeste que ce royaume béni
« de Dieu a été choisi par notre Rédemp-
« teur pour être l'exécuteur spécial de ses di-
« vines volontés. Jésus-Christ l'a pris en sa
« possession comme un carquois d'où il tire
« fréquemment des flèches choisies, qu'il lance
« avec la force irrésistible de son bras, pour
« protéger la liberté et la foi de l'Église,
« pour châtier les impies et pour défendre
« la justice. C'est pourquoi les pontifes
« romains, nos prédécesseurs, se rappelant de

« génération en génération les actes si louables
« de vos ancêtres, avaient habituellement re-
« cours à eux dans les moments difficiles ; et
« ceux-ci, convaincus qu'il s'agissait de la
« gloire de Dieu, plutôt que de celle des
« Papes eux-mêmes, ne leur refusèrent jamais
« le secours qu'ils réclamaient. Bien plus, on
« les a vus souvent prêter d'eux-mêmes, à
« l'Église, le secours de leur bras puissant
« dans les circonstances où cela était oppor-
« tun... »

Retrempée dans le sang des croisades, la
France se disposait à poursuivre le cours de
ses glorieuses destinées, quand soudain le char
s'arrêta. Pour la première fois, un roi français
se dressait contre le Pape, et ce roi, indigne
de la France, était, chose plus indigne encore,
un petit-fils de saint Louis. On dit que le Vicaire de Jésus-Christ fut souffleté par l'envoyé
du roi français. Il est vrai que la main qui frappa
fut celle d'un Italien. « On dit que Colonna
frappa le vieillard à la joue de son gantelet de
fer. » (Michelet, *Histoire de France*, t. III. —
Cf. Tosti, *Histoire de Boniface VIII*, t. III,
l. VII, p. 325.) Le soufflet, toutefois, remonte au
premier auteur de l'attentat et ce fut sur lui
qu'il retomba. Philippe le Bel laissa trois fils ;

ces trois fils régnèrent, mais la branche se brisa et la postérité de Philippe disparut.

La France, hélas ! oubliant son idée, n'a pas osé désavouer son roi ; même elle a poussé la faiblesse jusqu'à le seconder. Son châtiment sera sévère ; elle sera livrée à l'Anglais, et l'épreuve durera cent ans. Mais ce ne sera qu'un châtiment ; Dieu, on l'a dit, ne voulait pas que nous fussions Anglais. Pour chasser l'ennemi, une bergère lui suffira.

Jeanne d'Arc, envoyée par Marie et conduite par le glorieux archange Michel, inscrivit deux noms sur sa blanche bannière : Jesus, Maria. Cette bannière a flotté sur les champs de Patay, là même où cinq siècles plus tard sera déployée, pour la première fois, la bannière du Sacré-Cœur.

Dieu donc ne voulut pas que la France devint anglaise ; car il ne voulut pas que la nation très-chrétienne devint la nation très-hérétique.

Bientôt, en effet, viendra d'outre-Manche et d'outre-Rhin un fléau pire que la peste, pire que la guerre. Une hérésie nouvelle, portant dans ses flancs le germe des plus formidables révolutions, envahit la France, et ses premiers efforts sont secondés par une Italienne du pays de Machiavel. Mais la France de Charlemagne et de saint Louis se ligua pour défendre la liberté de sa foi. Le premier Bourbon, Henri IV, ne montera sur le trône de ses aïeux qu'à la condition d'être, comme ses pères, le roi très-chrétien. La France voulait un roi français, et pour être français, il fallait être catholique.

Pourquoi faut-il que, par une politique aussi insensée qu'inconséquente, un grand ministre se soit uni au dehors à ceux qu'il repoussait au dedans ? Pourquoi faut-il qu'un roi qui mérita le nom de Grand et qui, par tant d'autres endroits, justifia son titre de très-chrétien, se soit oublié à l'égard du Vicaire de Jésus-Christ ? Louis XIV, je le sais, regretta les excès où l'avaient entraîné les calculs d'un ministre qui comprenait mieux le maniement des finances que les intérêts sociaux et religieux d'un État. Mais un funeste exemple avait été donné.

Sous le vain prétexte de sauvegarder l'indépendance de leur souveraineté temporelle, qui n'était aucunement menacée, les rois ont prétendu assigner des limites au pouvoir spirituel des Papes. Plus tard, sous prétexte d'assurer leur liberté, les peuples ont resserré les bornes de l'autorité des rois.

On a vu la royauté libre et fière devant le vieillard désarmé du Vatican, et puis on l'a vue trembler devant la populace de sa capitale. Et cette populace, si libre et si fière devant son roi, a supporté Marat, Danton, Robespierre !... d'autres encore depuis !

La France a-t-elle donc perdu son idée ? Une heure d'égarement lui a-t-elle mérité le malheur d'oublier pour toujours la vocation spéciale qu'elle avait reçue d'en haut ? A entendre, d'une part, quelques voix pessimistes et découragées ; et, de l'autre, les clameurs triomphantes de l'impiété, on serait tenté de croire que c'en est fait, et que, s'il peut y avoir encore des catholiques en France, il n'y a plus et il ne peut plus y avoir une France très-chrétienne. Mais les faits protestent contre la pusillanimité des uns, aussi bien que contre la jactance prématurée des autres.

Oui, la France a failli. Pour rallumer dans son cœur le feu sacré, pour réveiller dans son âme la fière et noble idée de Clovis, Jésus son premier roi (*Vivat Christus, Francorum rex*), Jésus qui aime les Francs (*Vivat Christus qui diligit Francos*), Jésus avait tenté un suprême effort.

Transportez-vous à Paray-le-Monial. Là Jésus apparaît à une religieuse obscure et, lui montrant son Cœur environné de flammes, couronné d'épines, surmonté d'une croix : Voilà, dit-il, voilà ce Cœur qui a tant aimé les hommes.

Ceci se passait en 1675. — Quatorze ans après, en 1689, Jésus disait à sa servante : Fais savoir au fils aîné de mon Sacré-Cœur... Quel était ce fils aîné du Sacré-Cœur de Jésus ? — Louis XIV, mais Louis XIV converti ; Louis XIV qui, alors, avait rétracté la triste déclaration de 1682 ; Louis XIV qui, alors enfin, avait réglé ses mœurs. — Et que veut de Louis XIV le Cœur de Jésus ?

Écoutez : « Fais savoir au fils aîné de mon Sacré Cœur que comme sa naissance temporelle a été obtenue par la dévotion aux mérites de ma sainte enfance, de même il obtiendra sa naissance de gloire éternelle par la consécration qu'il fera de lui-même à mon Cœur adorable qui veut triompher du sien, et par son entremise, de celui des grands de la terre. Il veut régner dans son palais, être peint dans ses étendards et gravé dans ses armes, pour les rendre victorieuses de tous ses ennemis, en abattant à ses pieds ces têtes orgueilleuses et superbes, pour le rendre triomphant de tous les ennemis de la sainte Église. »

Au mois d'août de la même année, Marguerite-Marie écrivait encore :

« Le Père éternel voulant réparer les amertumes et angoisses que l'adorable Cœur de son divin Fils a reçues dans la maison des princes de la terre, parmi les humiliations et les outrages de sa Passion, veut établir son empire dans le cœur de notre grand monarque, duquel il se veut servir pour l'exécution de ce dessein qu'il désire voir s'accomplir en cette manière, qui est de faire faire un édifice où serait le tableau de ce divin Cœur, pour y recevoir la consécration et les hommages du roi et de toute la cour. — Heureux donc qu'il sera, s'il prend goût à cette dévotion, qui lui établira un règne éternel d'honneur et de gloire dans ce Sacré Cœur de Notre-Seigneur Jésus-Christ, lequel prendra soin de l'élever et le rendre grand dans le ciel devant son Père, autant que ce grand monarque entreprendra de relever devant les hommes les opprobres et anéantissements que ce divin Cœur y a soufferts ; ce qui sera en lui rendant et lui procurant les honneurs, l'amour et la gloire qu'il en attend. »

On ignore si ces invitations furent communiquées à Louis XIV. Ce prince qui s'était montré si fidèle à renouveler la consécration de la France à la Très-Sainte Vierge, qui avait déployé tant d'activité pour honorer l'Immaculée Conception de Marie, qui avait été si prompt à seconder la dévotion de la reine envers saint Joseph, qui visita si souvent et si religieusement les principaux sanctuaires de la Vierge bénie à laquelle il rapportait le bienfait de sa naissance et l'honneur de ses victoires, qui favorisa si généreusement la Propagation de la foi en Orient et en Occident, ce roi qui se faisait gloire de réciter chaque jour son chapelet, aurait certainement répondu à l'appel du Cœur de Jésus s'il en avait eu connaissance.

Il faut plaindre ceux qui, unissant leur voix à celle des protestants, des Jansénistes, des pseudo-philosophes du XVIIIᵉ siècle, des révolutionnaires et des libéraux du XIXᵉ, s'obstinent à rappeler sans cesse les fautes de ce prince, sans ajouter qu'il les a réparées et que Dieu lui a ménagé, pour les expier, l'épreuve du malheur au sein de laquelle il s'est montré plus grand encore que dans la prospérité.

Quoi qu'il en soit la France ne fut pas consacrée au Sacré Cœur. Et, au siècle de Louis XIV succéda le siècle de Voltaire; à l'invitation de 1689 répondit la déclaration de 1789, déclaration qui renversait toute autorité, l'autorité religieuse et l'autorité civile. Et, tirant des principes la conséquence logique et pratique, la Révolution abattit les temples et les autels, elle égorgea les prêtres, et, coup sur coup, elle renversa deux Papes.

Après avoir supporté de pareils forfaits la France est-elle encore la France du Cœur de Jésus? Rassurons-nous. Toute la France n'était pas aux pieds de la déésse Raison. A ce moment-là même, au nom de la vraie France, deux hommes protestèrent : l'un était le roi, l'autre un paysan. Le roi se nommait Louis XVI. Il fit vœu de consacrer la France au Cœur de Jésus. Mais il fallait d'abord une expiation : Louis XVI fut le roi martyr. Le paysan se nommait Cathelineau, on l'appela le Saint de l'Anjou. Nouveau Mathathias il se leva pour défendre la foi. A son cou il suspendit un chapelet; sur sa poitrine, sur son cœur, il plaça l'image du Sacré Cœur de Jésus. Avec lui les Vendéens ont vaincu, soldats du Sacré Cœur: puis ils ont tombés, martyrs du Sacré Cœur.

Jésus a reconnu sa France.

Au commencement de ce siècle, au couvent dit des *Oiseaux,* à Paris, vivait une religieuse nommée Marie de Jésus. Souvent elle recevait du Ciel des faveurs extraordinaires. Jésus lui-même lui déclara que le vœu de consécration de la France au Sacré-Cœur, attribué à Louis XVI, était bien véritablement de ce prince; que c'était lui-même qui l'avait composé et prononcé. Le divin Sauveur avait ajouté qu'il désirait ardemment que ce vœu fût exécuté, c'est-à-dire que le roi consacrât sa famille et tout son royaume à son divin Cœur, comme autrefois Louis XIII à la Sainte-Vierge ; qu'il en fît célébrer la fête solennellement et universellement, tous les ans, le vendredi après l'octave du Saint-Sacrement, et qu'enfin il fît bâtir une chapelle et ériger un autel en son honneur. A cette condition, le divin Sauveur promettait pour le roi, la famille royale et la France entière les plus abondantes bénédictions. (*Vie de la Révérende Mère Marie - Anne de la Fruglaye*, t. I. *Notice sur la mère Marie de Jésus*, page 252.)

Rappelons aussi les paroles que le divin Sauveur adressait à son humble servante le 21 juin 1823 :

« La France est toujours bien chère à mon divin Cœur et elle lui sera consacrée. Mais il faut que ce soit le roi lui-même qui consacre sa personne, sa famille et tout son royaume à ce divin Cœur, et qu'il lui fasse, comme je l'ai dit, élever un autel comme on en a élevé un déjà en l'honneur de la sainte Vierge.

« Je prépare à la France un déluge de grâces, lorsqu'elle sera consacrée à mon divin Cœur. Eh quoi! reprit Notre-Seigneur, les outrages faits à la majesté royale ont été réparés publiquement, et les outrages sans nombre que j'ai reçus dans le Sacrement de mon amour n'ont pas encore été réparés !

« Je prépare toutes choses ; la France sera consacrée à mon divin Cœur, et toute la terre se ressentira des bénédictions que je répandrai sur elle. La foi et la religion refleuriront en France par la dévotion à mon divin Cœur. » (*Vie de M. A. de la Fruglaye. Notice sur la Mère Marie de Jésus.*)

Malheureusement le roi de ce temps-là s'appelait Louis XVIII, et ce roi avait lu Voltaire ! — Rien ne se fit. La Révolution poursuivit son cours.

Donc, on se demande encore si la France est toujours la France du Cœur de Jésus, la France des Croisades, la France de la Ligue, en un mot la France très-chrétienne, ou si elle a définitivement renié sa vieille et grande idée.

Non, la France n'a pas oublié sa mission. C'était en 1847. La Révolution s'était élancée sur Rome, et le Pape Pie IX était en exil. Les peuples catholiques regardaient. *Et stabat populus spectans.* Mais la France dégaîna. Pie IX rentra dans Rome.

Triomphante d'abord au guet-apens de Castelfidardo, puis vaincue à Mentana, la Révolution finit par l'emporter. Léonidas n'eut pas même, cette fois, le bonheur de tomber sous le nombre. Dieu avait son plan ; ces héros français, soldats du Pape, étaient appelés à devenir les soldats de la France.

Or ces soldats si français, ils portaient sur leur vêtement militaire l'image du Cœur de Jésus ; chaque jour ils se consacraient au Cœur de Jésus, et leur main leva enfin sur les champs de Patay la bannière du Cœur de Jésus. Ils firent plus, ils la décorèrent de la pourpre de leur sang, et, suivant le mot admirable de leur chef héroïque, ils tombèrent dans le Cœur de Jésus.

Oui, le Cœur de Jésus relèvera la France ; car la France est toujours, elle est plus que jamais la France du Cœur de Jésus. Je l'atteste par ces consécrations successives de tous nos diocèses au Sacré Cœur ; je l'atteste par ce temple monumental que la France entière élève à Paris même, sur le mont des Martyrs ; je l'atteste par ces armées de pèlerins qui de tous les points de la France ne cessent de s'élancer vers le berceau de la dévotion au Cœur de Jésus. Ce sont là autant de manifestations vraiment nationales, et qui déclarent assez que la France n'a pas abjuré son idée. Et c'est pour cela que, tout humiliée qu'elle paraît et qu'elle

est en effet, aujourd'hui encore elle est par excellence la grande nation.

Et qui donc lui disputerait la palme ? Oui, je
le sais, il est des peuples que le vulgaire met à
la tête de la civilisation, et auxquels l'opinion a
décerné la palme de la grandeur ! Et ces peuples ne sont pas la France. Mais ces peuples
qu'on voit si fiers et qui se croient si libres, je
les ai vus prosternés devant une pile de dollars
ou de livres sterling, et j'ai dit : Non, la France
n'en est pas là. Plus d'un Français, je ne
l'ignore pas, s'incline devant le dieu-métal ;
mais la France ! jamais ! — Bonne ou mau-
vaise, la France, aujourd'hui encore, ne se pas-
sionne que pour ce qu'elle appelle une idée.
Or les nations se composent d'hommes ; ce
qui distingue l'homme, c'est l'idée ; donc, aujourd'hui encore, pour le mal, hélas ! comme
pour le bien, — mais aussi pour le bien, si elle le
veut, — la France est toujours la puissance de
l'idée, la grande puissance.

Je n'ajoute qu'un mot :

Pourriez-vous expliquer pourquoi les puis-
sances qui ont juré d'exterminer l'Église ont
également juré d'anéantir la France ?— La Révolution leur a dit : Tue l'Église ou je te tue ;
et dociles, au mot d'ordre, les grandes puis-
sances se sont élancées... Mais la France s'est

jetée devant sa mère la sainte Église, devant
son père le Pape, et elle a dit : Je suis là ! Je
n'y suis pas, peut-être, avec la vieille francisque
de Clovis, je n'y suis pas avec le marteau qui
broya les Sarrasins, je n'y suis pas avec la
Joyeuse de Charlemagne, mais j'y suis avec la
croix, avec la croix de saint Louis, plus grand
dans les fers que sur le trône, j'y suis avec la
couronne d'épines, j'y suis avec mon cœur
percé du même coup qui perça le Cœur de
mon Jésus. Arrêtez : avant de frapper la mère,
avant de frapper le père, il faut achever la fille
aînée. — Voilà la France ! A cette vue, j'ai
compris les haines de la Révolution et des nations qui ne sont grandes que par la grâce de la
Révolution; mais aussi j'ai compris leurs ter-
reurs et j'ai dit : O France, tu es la France du
Sacré Cœur, et voilà pourquoi tout ce qui est
contre Jésus tremble devant toi !

Faut-il à présent rappeler en détail les faits
et les œuvres de la France ? C'est toujours,
quoi qu'on pense, le *Gesta Dei per Francos.*
La seule énumération demanderait un volume.
Mais une simple énumération suffirait pour dé-
montrer que, aujourd'hui, il n'est pas de nation
plus chrétienne, plus catholique, plus universelle par son action, et par conséquent plus
grande que la France, qu'il n'est pas de nation

qui vive plus efficacement de la vie du Cœur de Jésus.

Il y a plus : cette simple énumération prouverait que, comparée à elle-même, jamais la France ne fut plus chrétienne, plus catholique, je ne dis pas par le nombre de ceux qui croient et qui pratiquent, mais par son action et par ses œuvres. Non, jamais la France ne fut plus réellement, plus efficacement, le cœur de l'Église et du monde. Nommons seulement les Œuvres françaises. — Œuvre de la propagation de la foi par l'aumône et par les missionnaires, Œuvre de la Sainte-Enfance, Œuvre des écoles d'Orient, Denier de Saint-Pierre, Conférences de Saint-Vincent de Paul, Œuvres de Saint-François Xavier, de Saint-François de Sales, de Saint-François Régis, Cercles d'ouvriers, Patronages, Œuvres de la sanctification du dimanche, de l'extirpation du blasphème, de la propagation des bons livres, Écoles des Frères du Vénérable de la Salle, de Saint-Gabriel, de Lamennais, et d'autres encore. — Apostolat de la prière, Communion réparatrice, Confrérie du Cœur agonisant, etc., etc. Toutes ces Œuvres ont pour point de départ la France, pour limites, le monde : voilà la grande puissance.

Notons encore un fait remarquable. Tous les grands ordres religieux ou sont nés en France, ou ont grandi en France et par la France. Et si aujourd'hui, en France même, l'impiété triomphante a pu les proscrire, la persécution n'a servi qu'à faire éclater le zèle de la France très-chrétienne pour la défense et pour le maintien de ceux qui font profession de suivre plus fidèlement les conseils évangéliques émanés du Cœur de Jésus.

Mais voici le signe décisif. En ces derniers temps, la Vierge Marie a multiplié ses apparitions tour à tour menaçantes et consolantes. Quelle contrée a-t-elle plus spécialement choisie ? La France. Rappelez-vous la médaille miraculeuse, l'Archiconfrérie de Notre-Dame des Victoires, la Salette, Lourdes, Pontmain.

Et sous l'inspiration de Marie, la France a repris son antique mission. Qui donc a ramené Pie IX de Gaëte à Rome ? La France. Qui donc, en dépit de la Révolution rugissante, jusqu'à ce jour funeste qu'il n'est pas permis de nommer, qui a maintenu Pie IX à Rome ? La France. — A Castelfidardo la France n'était pas seule, mais elle y était par son plus grand homme de guerre, par son Lamoricière. A Mentana, la France était présente, et par les fils de ses croisés, devenus les zouaves pontificaux, et par l'armée française elle-même.

Le Cœur de Jésus voulait être peint sur nos

étendards, il voulait que la France lui fut consacrée. Quand donc ce vœu a-t-il été réalisé, si ce n'est en ces derniers temps, à Paray, à Patay, au Mans, à Rennes?

Oui, la France est aujourd'hui encore la France du Sacré Cœur.

Non, jamais la France ne fut plus réellement qu'aujourd'hui la France du Sacré-Cœur.

En vain la tempête a soufflé, en vain le flot s'est élancé. La tempête n'a pu éteindre l'idée de la France. L'idée française est encore l'idée très-chrétienne, et, par la France très-chrétienne, l'idée très-chrétienne, l'idée catholique, l'idée divine triomphera; et par elle, et pour elle, la France vivra, la France aussi triomphera.

CONCLUSION PRATIQUE

LES HOMMES DE CŒUR

CE qui perd la France, c'est l'indifférence et l'égoïsme ; ce qui la sauvera, c'est le dévouement et le sacrifice. Qu'il se lève un homme de cœur, et la France aussitôt reprenant son nom et son rang, sera encore et la nation très-chrétienne, et la fille aînée de l'Église. Mais, où est la source du sang qui fait les grands cœurs ? — Au Cœur sacré de Jésus, et là seulement. — Consacrons-nous à ce Cœur, le plus grand, le plus fort, le plus héroïque qui fut jamais, et nous serons des hommes de cœur. Délivrée alors de la double invasion, de l'hérésie du dehors et de l'impiété du dedans, la fille aînée de l'Église reprendra son poste auprès du Vicaire de Jésus-Christ, et le monde reverra les hauts faits de Dieu par les Francs : *Gesta Dei per Francos.*

ARRÊTE ! LE CŒUR DE JÉSUS EST AVEC MOI

Sans être roi, vous possédez un palais qui ne s'ouvre et ne se ferme que sur un ordre de vous. Ce palais, c'est votre cœur. A l'exemple des soldats de la foi, fixez sur votre cœur l'image du Cœur de Jésus. Le Cœur de Jésus régnera dans votre palais, le Cœur de Jésus sera votre étendard, le Cœur de Jésus brillera dans vos armes, et, quand l'ennemi, visible ou invisible, s'avancera contre vous, vous lui jetterez cette fière devise : Arrête ! le Cœur de Jésus est avec moi.

AMENDE HONORABLE

Jésus, vrai Dieu et vrai homme, Roi immortel des siècles, des peuples et des rois, par un dernier effort de votre amour, vous nous présentez votre divin Cœur transpercé par la lance, couronné d'épines, surmonté de la croix, et tout environné de flammes. Le voilà donc ce Cœur qui a tant aimé les hommes ! et, pour reconnaissance, il ne reçoit de la plupart que des ingratitudes, par les mépris, les irrévérences, les sacriléges dont il est l'objet, et dans la très-sainte Eucharistie, où vous êtes réllement présent, ô divin Jésus ! et dans la sainte Église qui, en un autre sens, et selon le langage de saint Paul, est aussi votre corps.

Adorable Jésus, notre Sauveur et notre Roi, à la vue de tant d'outrages qui vous sont prodigués par l'impiété, par l'indifférence et par la lâcheté, une sainte indignation s'est emparée de nos cœurs, et avec le secours de votre grâce, nous nous engageons, sur l'honneur, à réparer, selon notre pouvoir, ces injures et ces ingratitudes, et à défendre, partout et toujours, envers et contre tous, la gloire de votre saint Nom et de votre divin Cœur. — Qu'ainsi Dieu nous soit en aide : Nous maintiendrons !

CONSÉCRATION

Jésus, notre Sauveur et notre Roi, nous voici avec les insignes de votre Cœur divin, avec la lance qui le perça, avec la couronne, avec la croix, avec son image fixée sur nos cœurs, gravée sur nos écussons et peinte sur nos étendards.

Nous avons saisi la lance, mais ce n'est plus la lance qui perça le Cœur de Jésus ; nous avons saisi la lance pour défendre l'Église, née du divin Cœur, au moment où en jaillirent l'eau et le sang : l'eau, symbole du baptême, le sang, symbole de l'Eucharistie. — Fils de la France de Clovis, nous serons là, ô Jésus, pour défendre les droits de votre Cœur et la liberté de votre Église, nous le jurons et tous ensemble nous allons redire :

« Cœur de Jésus, nous vous consacrons nos cœurs, nous vous consacrons la France. »

Cœur de Jésus, nous serons votre couronne. Trop souvent nous avons été votre couronne d'épines, désormais nous serons votre couronne de gloire. Rangés autour du Chef auguste de l'Église, de cette Église qui, selon la langue de saint Paul, est votre corps, rangés autour de votre Vicaire, Notre Saint-Père le Pape, nous condamnons tout ce qu'il condamne, nous affirmons tout ce qu'il affirme. Nous condamnons l'erreur, toutes les erreurs, toute l'erreur ; nous affirmons la vérité, toute la vérité, rien que la vérité. Nous jurons de nous dévouer à la défense de la vérité ; nous jurons de nous consacrer aux combats contre l'erreur, et pour attester notre résolution, tous ensemble nous redirons :

« Cœur de Jésus, nous vous consacrons nos cœurs, nous vous consacrons la France. »

Cœur de Jésus, nous avons pris la croix, la croix rougie de votre sang, la croix de saint Pierre, la croix de Constantin, la croix des croisades, la croix de saint Louis, plus grand dans les fers et par la croix que sur son cheval de guerre et sur son trône, nous avons pris la croix rouge qui brillait sur le vêtement de Marie lors de l'apparition de Pontmain, et nous voici résolus à porter la croix avec vous, résolus à nous tenir, avec Marie, debout auprès de votre croix, résolus à demeurer avec vous cloués à la croix, ce qui veut dire que nous sommes prêts à tout souffrir et à mourir plutôt que de trahir votre Cœur et votre Église. Fils de la France, de la vraie France, fille aînée de votre Église et de votre Cœur, nous redirons ensemble :

« Cœur de Jésus, nous vous consacrons nos cœurs, nous vous consacrons la France. »

Cœur de Jésus, vous voulez régner dans les palais : nous avons fixé votre image sur le palais de notre cœur. — Vous voulez être gravé sur nos armes, vous voulez être peint sur nos étendards : votre image brille sur nos écussons et sur nos bannières.

Notre bannière sera celle qui, sortie de Paray, s'est levée à Patay ; nous avons chanté et nous chanterons encore la devise de cette bannière consacrée par le sang des soldats du Pape et de la France : *Cœur de Jésus, sauvez la France.*

Cœur de Jésus, vous voulez que la France vous soit consacrée, et vous avez promis de la combler alors de vos bénédictions. Déjà il n'est pas un diocèse qui ne vous soit consacré. Aujourd'hui, nous, enfants de la vraie France, à l'ombre de ce drapeau, nous ne pouvons nous lasser de redire tous ensemble :

« Cœur de Jésus, nous vous consacrons nos cœurs, nous vous consacrons la France. »

C'en est donc fait, Jésus-Christ est notre Roi et désormais le drapeau du Cœur de Jésus sera le drapeau de la France; acclamons ensemble le Cœur de notre Sauveur et de notre Roi : Vive le Cœur de Jésus! — Vive la France du Cœur de Jésus!

RÉSUMÉ PRATIQUE DE LA DÉVOTION AU CŒUR DE JÉSUS

Chaque année. Le vendredi après l'octave du saint Sacrement, communier pour réparer les outrages que le Cœur de Jésus a reçus pendant le temps qu'il a été exposé sur les autels.

Chaque mois, le premier vendredi, et *chaque semaine,* le vendredi, honorer le divin Cœur par un acte spécial. Tel, par exemple, la sainte communion, du moins l'assistance à la messe, ou une visite au saint Sacrement, la récitation d'une amende honorable ou d'une consécration.

Chaque jour. Offrir et consacrer au Cœur de Jésus toutes les pensées, paroles, actions et souffrances de la journée. Renouveler souvent cette offrande, par exemple, au commencement de chaque action principale, ou lorsqu'on entend sonner l'heure, au moment d'une difficulté, d'une souffrance, d'une tentation, en un mot, lorsqu'on y pense. Redire alors avec un élan nouveau : Jésus, faites que mon cœur ressemble à votre Cœur! *Jesu, fac cor meum secundum Cor tuum.* Prendre les intentions et les sentiments de Jésus : telle est la pratique essentielle de la dévotion à ce divin Cœur : *Hoc enim sentite in vobis quod et in Christo Jesu.*

Signe extérieur et habituel. Porter sur soi une image ou une médaille représentant le sacré Cœur de Jésus, par exemple l'image qui, dans ces derniers temps, est devenue célèbre par les miracles d'une protection spéciale et au bas de laquelle on lit ces mots :

Arrête! le Cœur de Jésus est avec moi!

Avec la devise de l'Apostolat de la prière :

ADVENIAT REGNUM TUUM.
QUE VOTRE RÈGNE ARRIVE.

CŒUR DE JÉSUS, SAUVE LA FRANCE

I

Le prince du monde s'avance,
Vomissant les feux de l'enfer;
Cœur de Jésus, sauve la France,
Brise le bras de Lucifer.

REFRAIN

Rallions-nous à l'espérance;
Jésus a dit : Je régnerai;
Viens à mon Cœur, viens, ô ma France,
Par mon Cœur je te sauverai.

VARIANTE DU REFRAIN

Rallions-nous à l'espérance,
Le rendez-vous est à Paray;
Viens, dit Jésus, viens, ô ma France,
Par mon Cœur je te sauverai.

II

La flamme grandit et s'élance;
C'en est fait de nous cette fois;

Cœur de Jésus, sauve la France,
Et ramène-la sous tes lois.

III

Heureux jour de la délivrance,
Quand luirez-vous à nos regards?
Cœur de Jésus, sauve la France,
Et brille sur ses étendards.

IV

Après un siècle de souffrance,
La France relève la croix;
Cœur de Jésus, sauve la France,
La France reconnaît tes droits.

V

Honte à l'habile indifférence!
Gloire à la seule vérité!
Cœur de Jésus, sauve la France,
Rends-lui son antique fierté.

VI

Oui, désormais, guerre *à outrance*
A la liberté de l'erreur!
Cœur de Jésus, sauve la France,
Et du méchant sois la terreur.

VII

Eh quoi ! le vice et l'ignorance
Au sage dicteraient la loi !
Cœur de Jésus, sauve la France,
Rends-lui l'audace de sa foi.

VIII

Désormais un lâche silence
N'enchaînera plus notre voix ;
Cœur de Jésus, sauve la France,
Reconnais tes Francs d'autrefois.

IX

A ton Cœur, ô Dieu de clémence,
La France vient se consacrer ;
Cœur de Jésus, sauve la France,
Sans toi qui peut la délivrer ?

———

Bourges, typ. Pigelet et Fils et Tardy.

La Création. — Les Terres et les Mers.— Les Plan-
    tes. — Les Astres. — Les Animaux, cinq fascicules,
    in-12.
Coup d'œil sur l'Homme, in-12.
Jésus-Christ, in-12.
Lucifer et Jésus-Christ, in-12.
L'Église, in-12, 2e édition.
Le Pape, in-12, 2e édition.
Les Papes, in-12, 2e édition.
Luttes de l'Église, 2 vol. in-12.
Réponses aux principales objections contre la puis-
    sance et l'infaillibilité du Pape, in-12.
Les grands Siècles et les grands Hommes, in-12, 3e éd.

IV. — PIÉTÉ

Agenda du Chrétien, in-18, 4e édition.
Une pensée par jour, in-18, 11e édition.
Choix d'un état de vie, in-32, 3e édition.
La Religion du ciel et de la terre, in-32.
Le Cœur de Jésus d'après l'Évangile. — Mois du Sacré-
    Cœur, in-32, 3e édit.
La sainte Vierge d'après l'Évangile. — Mois de Marie,
    in-32, 3e édition.
Saint Joseph d'après l'Évangile. — Mois de saint Joseph,
    in-32, 39e mille.
Le Mois du Sacré Cœur de Jésus, croisade, in-12,
    130e mille.
Le Mois du Précieux Sang, in-32, 3e édition.
Manuel de l'Archiconfrérie du Cœur agonisant, in-32, 2e édition.
Les Agonisants, in-32, 3e édition.
Manuel des Congrégations de la sainte Vierge, in-32,
    4e édition.
Cantiques des Congrégations de la sainte Vierge, in-
    32, 2e édition.

Année de Marie, in-32, 2e édition.

Neuvaine à Notre-Dame de Lourdes, in-32, 6e édit.

Grandeur de saint Joseph, in-18.

Saint Joseph, modèle de la vie chrétienne, in-12.

Saint Michel, d'après la Bible et d'après la Tradition. Mois de S. Michel, in-32, 2e éd.

Dévotion à saint Ignace et Mois de saint Ignace, in-32, 2e édition.

Dévotion à saint François Xavier, in-32.

Le B. Pierre Lefèvre, in-32, 4e édition.

Sainte Thérèse d'après elle-même, Mois de sainte Thérèse, in-32.

Chants et Cantiques, in-32.

V. — PROPAGANDE

Les Droits de Dieu, in-32, 3e éd.

Les Droits de l'homme, in-32, 2e éd.

Pourquoi êtes-vous malheureux ? in-32.

Le Soldat et l'Ouvrier chrétien, in-32, 26e édit.

L'Attaque et la Défense, in-12, nos 1 et 2.

Le Dimanche (Sanctifiez), in-32, 4e édition.

Dimanche et Lundi, in-32, 6e édit.

La Confession, in-32, 3e édition.

Coup d'œil sur les Corporations, in-12.

Étienne Boylesve, in-12.

Les Religieux. Pourquoi leur en voulez-vous? in-12, 3e édit.

La Franc-Maçonnerie, d'après les Francs-Maçons, 2e éd., in-32.

L'Évangélisation des Gaules et saint Julien au Mans (Note à propos d'un mémoire sur), in-8°.

La Main de Dieu, nos 1, 2, 3, 4, 5, 6, in-32.

Paroles d'or, nos 1, 2, in-32.

La France et le Cœur de Jésus, in-18.

Bourges, typ. Pigelet et Fils et Tardy.